Den Otroliga Uppfinningen av Professor Puddle: Tvåspråkiga Berättelser på Engelska och Svenska

My Pommeline

Published by My Pommeline, 2024.

DEN OTROLIGA UPPFINNINGEN AV PROFESSOR PUDDLE: TVÅSPRÅKIGA BERÄTTELSER PÅ ENGELSKA OCH SVENSKA

First edition. October 14, 2024.

ISBN: 979-8227840769

Written by My Pommeline.

Table of Contents

The Wonderful World of Whimsy

In the quaint town of Whimsyville, everything was wonderfully odd. Bicycles flew through the air like birds, and trees sang cheerful tunes when the wind rustled their leaves. The townspeople embraced the peculiarities that surrounded them, each day an adventure filled with laughter and joy.

But for a newcomer named Ellie, the vibrant town felt overwhelming. Ellie had just moved from a city where everything was ordinary. She missed the familiar sounds of traffic and the straight roads. In Whimsyville, she struggled to find her place.

On her first day at the local school, Ellie felt out of place. Her classmates flew by on their bicycles, performing loop-the-loops and graceful dives. She watched in awe but felt a pang of jealousy. When it was her turn to ride, her bicycle wobbled and floated awkwardly, causing her to crash into a singing tree.

"Are you okay?" asked a cheerful voice. It was Benny, a boy with colorful hair and a bright smile. "That tree can be a bit chatty, but it won't bite!"

Ellie chuckled nervously as Benny helped her up. "I guess I just don't fit in here," she sighed.

"Nonsense!" he exclaimed. "You just need to find your groove. Come with me!"

Benny introduced Ellie to a group of his friends: Lila, who could make flowers bloom with a song; Jasper, who painted rainbows with his brush; and Tilly, a girl who had the magical ability to speak to animals. Together, they showed Ellie the wonders of Whimsyville.

They flew through the sky on their bicycles, with Benny guiding her as they performed tricks. At first, Ellie struggled, but with their encouragement, she began to soar. They visited singing trees that shared stories of adventure and laughter. Lila sang to the flowers, which danced joyfully, while Jasper painted vibrant skies. Tilly introduced Ellie to a friendly squirrel who showed her how to climb trees.

As the days passed, Ellie learned to embrace her differences. She discovered that her ordinary background brought a fresh perspective to her new friends. Instead of feeling left out, she realized she added something special to their adventures.

One sunny afternoon, the friends decided to host a talent show. Each person showcased their unique abilities, and Ellie surprised everyone with a poem she had written about her journey to Whimsyville. When she finished, the crowd erupted into applause.

Ellie beamed with pride. "Thank you! I may be different, but I've found my place here," she said, feeling a warmth of acceptance.

From that day on, Ellie knew she belonged in Whimsyville. The town's wonderful oddities became her own, and she cherished the friendships she had formed. In the end, she learned that being different was not just okay—it was what made life truly special.

Den Underbara Världen av Underlighet

I den pittoreska staden Whimsyville var allt underligt och fantastiskt. Cyklar flög genom luften som fåglar, och träden sjöng glada melodier när vinden rasslade i deras löv. Invånarna omfamnade de konstiga omständigheterna som omger dem, varje dag ett äventyr fyllt med skratt och glädje.

Men för en nykomling vid namn Ellie kändes den livliga staden överväldigande. Ellie hade just flyttat från en stad där allt var vanligt. Hon saknade de bekanta ljuden av trafik och de raka vägarna. I Whimsyville kämpade hon för att hitta sin plats.

På sin första dag i den lokala skolan kände sig Ellie malplacerad. Hennes klasskamrater flög förbi på sina cyklar och utförde loopar och graciösa dyk. Hon tittade med förundran men kände en sting av avundsjuka. När det var hennes tur att cykla, vinglade hennes cykel och svävade klumpigt, vilket fick henne att krascha in i ett sjungande träd.

"Är du okej?" frågade en glad röst. Det var Benny, en pojke med färgglatt hår och ett brett leende. "Det trädet kan vara lite pratsamt, men det biter inte!"

Ellie skrattade nervöst när Benny hjälpte henne upp. "Jag antar att jag bara inte passar in här," suckade hon.

"Struntprat!" utropade han. "Du behöver bara hitta din stil. Kom med mig!"

Benny introducerade Ellie för en grupp av sina vänner: Lila, som kunde få blommor att blomma med en sång; Jasper, som målade regnbågar med sin pensel; och Tilly, en tjej som hade den magiska förmågan att prata med djur. Tillsammans visade de Ellie underverken i Whimsyville.

De flög genom himlen på sina cyklar, med Benny som guidade henne när de utförde tricks. Till en början kämpade Ellie, men med deras uppmuntran började hon sväva. De besökte sjungande träd som delade historier om äventyr och skratt. Lila sjöng för blommorna, som dansade glädjefyllt, medan Jasper målade livfulla himlar. Tilly introducerade Ellie till en vänlig ekorre som visade henne hur man klättrar i träd.

När dagarna gick lärde sig Ellie att omfamna sina olikheter. Hon upptäckte att hennes vanliga bakgrund gav ett fräscht perspektiv till sina nya vänner. Istället för att känna sig utanför insåg hon att hon tillförde något speciellt till deras äventyr.

En solig eftermiddag bestämde sig vännerna för att hålla en talangshow. Var och en visade sina unika förmågor, och Ellie överraskade alla med en dikt hon hade skrivit om sin resa till Whimsyville. När hon var klar bröt publiken ut i applåder.

Ellie strålade av stolthet. "Tack! Jag må vara annorlunda, men jag har hittat min plats här," sa hon och kände en värme av acceptans.

Från och med den dagen visste Ellie att hon hörde hemma i Whimsyville. Stadens underbara konstigheter blev hennes egna, och hon värderade de vänskaper hon hade skapat. I slutändan lärde hon sig att vara annorlunda inte bara var okej—det var vad som gjorde livet verkligen speciellt.

The Time-Traveling Tortoise

Lily was an adventurous young girl who loved spending time at her grandmother's house. Her grandmother had the most wonderful stories about the past, and Lily never got tired of hearing them. But what fascinated Lily the most was her grandmother's old pet tortoise, named Timmy. Timmy had been around for as long as Lily could remember, moving slowly through the garden with his wrinkled face and calm eyes.

One day, as Lily was playing in the garden, she noticed something strange. Timmy was sitting in the sun, as usual, but his shell was glowing! Curious, Lily approached him and gently touched his shell. In an instant, the world around her seemed to spin, and before she knew it, she and Timmy were no longer in the garden. They were standing in a bustling medieval marketplace!

"Where are we?" Lily exclaimed, looking around in amazement.

Timmy, to her surprise, spoke! "We're in the year 1350, my dear. I can travel through time, and now you can join me on my adventures!"

Lily's eyes widened in excitement. "A time-traveling tortoise? This is amazing! Where can we go next?"

With a slow, steady smile, Timmy replied, "Anywhere in history you want. Hold on tight!"

And so, their journey began. Each time Lily touched Timmy's glowing shell, they were whisked away to a new era. They visited ancient Egypt, where they met Queen Cleopatra and learned about the Great Pyramids. In Renaissance Italy, they watched Leonardo da Vinci paint the Mona Lisa. In Victorian England, they walked through the streets of London and met Charles Dickens, who was writing A Christmas Carol.

Everywhere they went, Lily learned something new. In ancient China, she watched the invention of fireworks and marveled at the Great Wall. In 19th-century America, she met Harriet Tubman and heard stories of courage and bravery from the Underground Railroad.

As they traveled through time, Timmy and Lily shared countless laughs and surprises. They had to run from a knight who thought Timmy was a magical creature and once accidentally landed in the middle of a Roman gladiator arena! But through it all, they remained close companions, learning about history and having fun along the way.

One day, after an exciting trip to the moon landing in 1969, Lily sat down next to Timmy in the garden. "Timmy, this has been the most incredible adventure of my life. I've learned so much about the past, and I've made a wonderful friend in you."

Timmy nodded slowly, his wise eyes twinkling. "The past is filled with important lessons, but the best thing you've learned is the value of friendship, Lily. No matter where—or when—we are, we always have each other."

Lily smiled and gave Timmy a gentle pat on his shell. From that day forward, Lily cherished not only the amazing places she had visited but also the timeless bond she shared with her time-traveling tortoise.

Den Tidsresande Sköldpaddan

Lily var en äventyrlig ung flicka som älskade att tillbringa tid hos sin mormor. Hennes mormor hade de mest underbara berättelserna om det förflutna, och Lily tröttnade aldrig på att höra dem. Men det som fascinerade Lily mest var hennes mormors gamla husdjurssköldpadda, som hette Timmy. Timmy hade funnits så länge Lily kunde minnas, långsamt rörde han sig genom trädgården med sitt skrynkliga ansikte och lugna ögon.

En dag, när Lily lekte i trädgården, märkte hon något märkligt. Timmy satt i solen, som vanligt, men hans skal glödde! Nyfiken gick Lily fram till honom och rörde försiktigt vid hans skal. På ett ögonblick verkade världen snurra runt henne, och innan hon visste ordet av, var hon och Timmy inte längre i trädgården. De stod mitt i en livlig medeltida marknadsplats!

"Var är vi?" utbrast Lily och tittade sig förundrat omkring.

Till hennes förvåning talade Timmy! "Vi är i år 1350, min kära. Jag kan resa genom tiden, och nu kan du följa med mig på mina äventyr!"

Lilys ögon blev stora av spänning. "En tidsresande sköldpadda? Det här är fantastiskt! Vart kan vi gå härnäst?"

Med ett långsamt och tryggt leende svarade Timmy, "Vart som helst i historien du vill. Håll i dig!"

Och så började deras resa. Varje gång Lily rörde vid Timmys glödande skal, kastades de till en ny tidsålder. De besökte det forntida Egypten, där de träffade drottning Kleopatra och lärde sig om de stora pyramiderna. I renässansens Italien såg de Leonardo da Vinci måla Mona Lisa. I det viktorianska England promenerade de genom Londons gator och mötte Charles Dickens, som skrev En julsaga.

Överallt de reste lärde sig Lily något nytt. I det forntida Kina såg hon uppfinningen av fyrverkerier och förundrades över Kinesiska muren. I 1800-talets Amerika mötte hon Harriet Tubman och hörde berättelser om mod och tapperhet från den underjordiska järnvägen.

Under sina resor genom tiden delade Timmy och Lily otaliga skratt och överraskningar. De fick springa från en riddare som trodde att Timmy var en magisk varelse och hamnade en gång av misstag mitt i en romersk gladiatorarena! Men genom allt detta förblev de nära vänner, lärde sig om historien och hade kul på vägen.

En dag, efter en spännande resa till månlandningen 1969, satte sig Lily bredvid Timmy i trädgården. "Timmy, det här har varit det mest otroliga äventyret i mitt liv. Jag har lärt mig så mycket om det förflutna, och jag har fått en underbar vän i dig."

Timmy nickade långsamt, hans kloka ögon glittrade. "Det förflutna är fyllt av viktiga lärdomar, men det bästa du har lärt dig är värdet av vänskap, Lily. Oavsett var—eller när—vi befinner oss, har vi alltid varandra."

Lily log och klappade försiktigt Timmy på hans skal. Från den dagen framåt, värdesatte Lily inte bara de otroliga platser hon hade besökt, utan även den tidlösa vänskap hon delade med sin tidsresande sköldpadda.

Professor Puddle's Incredible Invention

In a quirky little town where the sun always seemed to shine just a bit brighter, there lived an eccentric inventor named Professor Puddle. Known for his wild hair and mismatched clothes, he spent his days in a cluttered workshop filled with odd gadgets and curious contraptions.

One day, the townsfolk discovered that Professor Puddle was working on his most ambitious invention yet: a machine that could turn rain into candy! The news spread like wildfire, and everyone was excited to see what the professor would create. Children dreamed of a world where gummy bears would fall from the sky and chocolate raindrops would splash onto their heads.

However, not everyone was thrilled. Mr. Grumble, the town's resident grouch, declared that candy would only cause chaos and toothaches. He vowed to stop Professor Puddle at all costs.

Undeterred by the grumpy man's threats, the professor invited the townspeople to a grand unveiling of his invention. The day of the event arrived, and the townspeople gathered in the town square, buzzing with excitement. Professor Puddle stood before them with a big smile and announced, "Prepare for the sweetest rain ever!"

As he activated the machine, the sky darkened, and the townsfolk gasped in anticipation. With a loud whirring noise, the machine began to sputter and shake. Suddenly, a shower of colorful candy rained down on everyone! Laughter erupted as children danced in the sugary downpour, catching sweets in their hands.

But then, disaster struck. The machine started to malfunction, producing an overwhelming amount of candy that threatened to bury the town in a sugary avalanche. Chaos ensued as people scrambled to find shelter beneath tables and trees.

Just when it seemed all hope was lost, the children banded together, led by a brave girl named Lily. They ran towards the machine, determined to help Professor Puddle fix it. Using their creativity, they grabbed tools from the professor's workshop and worked together, shouting ideas back and forth.

With teamwork and a sprinkle of imagination, they managed to adjust the machine's settings just in time. Instead of a candy avalanche, it began to produce just the right amount of sweet treats, creating a delightful candy shower.

The townsfolk cheered, and even Mr. Grumble couldn't help but crack a smile as he caught a gummy bear in his mouth. Professor Puddle thanked the children for their quick thinking, and from that day on, the town embraced the joy of candy rain.

They learned that while inventions can be unpredictable, creativity and teamwork could turn any mishap into a sweet success!

Den Otroliga Uppfinningen av Professor Puddle

I en knasig liten stad där solen alltid tycktes lysa lite starkare, bodde en excentrisk uppfinnare vid namn Professor Puddle. Känd för sitt vilda hår och sina omatchade kläder, tillbringade han sina dagar i en rörig verkstad fylld med märkliga apparater och nyfikna mekanismer.

En dag upptäckte stadens invånare att Professor Puddle arbetade på sin mest ambitiösa uppfinning hittills: en maskin som kunde förvandla regn till godis! Nyheten spreds som en löpeld, och alla var spända på att se vad professorn skulle skapa. Barnen drömde om en värld där gummibjörnar skulle falla från himlen och chokladregn skulle spruta ner på dem.

Men inte alla var glada. Mr. Grumble, stadens gnällspik, deklarerade att godis bara skulle orsaka kaos och tandvärk. Han svor att stoppa Professor Puddle till varje pris.

Trots den griniga mannens hot, bjöd professorn in stadsborna till en stor avslöjande av sin uppfinning. Dagen för evenemanget kom, och stadsborna samlades på torget, sprudlande av förväntan. Professor Puddle stod framför dem med ett stort leende och meddelade: "Förbered er på den sötaste regnet någonsin!"

När han aktiverade maskinen mörknade himlen, och stadsborna gaspade av förväntan. Med ett högt surrande ljud började maskinen att hosta och skaka. Plötsligt började ett regn av färgglatt godis falla ner på alla! Skratt bröt ut när barnen dansade i den sockerhaltiga störtskur, fångande godis i sina händer.

Men då inträffade katastrofen. Maskinen började fungera fel och producerade en överväldigande mängd godis som hotade att begrava staden i en sockerlavin. Kaos bröt ut när människor skyndade sig att hitta skydd under bord och träd.

Just när det verkade som om all hopp var förlorat, förenade sig barnen, ledda av en modig flicka vid namn Lily. De sprang mot maskinen, fast beslutna att hjälpa Professor Puddle att fixa den. Med sin kreativitet tog de verktyg från professorens verkstad och arbetade tillsammans, ropande idéer fram och tillbaka.

Med teamwork och en nypa fantasi lyckades de justera maskinens inställningar i sista stund. Istället för en godis lavin började den producera precis rätt mängd sötsaker, vilket skapade ett härligt godisregn.

Stadsborna jublade, och även Mr. Grumble kunde inte låta bli att le när han fångade en gummibjörn i munnen. Professor Puddle tackade barnen för deras snabba tänkande, och från den dagen omfamnade staden glädjen av godisregn.

De lärde sig att även om uppfinningar kan vara oförutsägbara, kan kreativitet och teamwork förvandla vilket missöde som helst till en söt framgång!

The Silly Science Experiment

In the most chaotic science class at Oakwood Elementary, a group of curious friends—Max, Emma, Leo, and Ava—decided to conduct the wildest experiment they could think of. Their teacher, Mr. Finch, was known for his love of letting students explore creative projects, and today was no different. The group had decided they were going to make a potion. Not just any potion, but one that would cause a spectacular reaction, something no one had ever seen before.

"Are you sure about this, Max?" Emma asked nervously as they gathered their ingredients.

"Absolutely!" Max grinned. "We've got everything we need—frog legs, rainbow glitter, a splash of pickle juice, and the secret ingredient... gummy worms!"

The group mixed the strange concoction in a large beaker, stirring it carefully. Bubbles began to rise, and the liquid turned from green to purple and then to a bright neon orange.

"Looks amazing!" Leo said, his eyes wide with excitement. "But what's it supposed to do?"

Before Max could answer, the beaker started shaking. It bubbled, hissed, and with a loud POOF, the potion exploded in a puff of smoke, filling the room.

When the smoke cleared, everything seemed... normal.

"I don't think it worked," Ava said, disappointed.

But as soon as Max opened his mouth to speak, he blurted out, "Don't be sad, Ava dear, it's clear the answer's near!"

Everyone stared at him, wide-eyed.

"Max, did you just... rhyme?" Emma asked, trying to hold back a laugh.

Max looked confused, but when he tried to speak again, more rhymes came out: "I think this may be odd, but I can't stop—oh my God!"

The entire group burst into laughter, but it wasn't long before they realized they were all speaking in rhymes too. Even Mr. Finch!

"What in the world have you done?" Mr. Finch exclaimed, "We're rhyming every single one!"

Chaos quickly spread through the classroom. The students couldn't stop speaking in rhyme. Everything became a sing-song conversation, and the more they tried to stop, the funnier it got. But there was a problem: they had a big school science presentation in just a few hours, and they couldn't present while rhyming like they were in a musical!

"We've got to fix this quick," Leo said, "Or else we're in a real jam, slick."

They raced back to the science table, flipping through their notes, trying to find out what had gone wrong. After what felt like hours of chaotic rhymes and laughter, Emma finally figured it out.

"It was the gummy worms! They reacted with the frog legs!" she cried.

"Quick, make an antidote," Max said, "Before we're stuck in this rhyming boat!"

They hurriedly mixed a new potion—this time, no gummy worms—and poured it into cups. One by one, they drank it. The room was silent for a moment.

"Did it work?" Ava asked cautiously.

"Yes!" Max shouted. "No more rhymes!"

Everyone sighed with relief. Just in time for their big presentation.

The presentation went off without a hitch, and while the experiment may have been a bit too silly, the friends learned an important lesson: sometimes, mistakes lead to the best adventures.

Det Tokiga Vetenskapsexperimentet

I den mest kaotiska naturvetenskapsklassen på Oakwood Grundskola bestämde sig en grupp nyfikna vänner—Max, Emma, Leo och Ava—för att genomföra det vildaste experiment de kunde komma på. Deras lärare, Mr. Finch, var känd för sin kärlek till kreativa projekt, och idag var inget undantag. Gruppen hade bestämt sig för att de skulle göra en brygd. Inte vilken brygd som helst, utan en som skulle orsaka en spektakulär reaktion, något ingen någonsin sett tidigare.

"Är du säker på det här, Max?" frågade Emma nervöst när de samlade sina ingredienser.

"Absolut!" Max log brett. "Vi har allt vi behöver—grodben, regnbågsglitter, en skvätt saltgurksaft, och den hemliga ingrediensen... geléormar!"

Gruppen blandade den märkliga blandningen i en stor bägare och rörde försiktigt om. Bubblor började stiga, och vätskan gick från grönt till lila och sedan till en lysande neongul.

"Ser fantastiskt ut!" sa Leo, med stora ögon av spänning. "Men vad ska det göra egentligen?"

Innan Max hann svara började bägaren skaka. Den bubblade, väste, och med ett högt POFF exploderade brygden i ett moln av rök som fyllde rummet.

När röken skingrades verkade allt... normalt.

"Jag tror inte det fungerade," sa Ava besviket.

Men så fort Max öppnade munnen för att tala utbrast han, "Var inte ledsen, kära Ava, lösningen kommer strax, jag lovar!"

Alla stirrade på honom, med vidöppna ögon.

"Max, rimmade du just nu?" frågade Emma, och försökte hålla tillbaka ett skratt.

Max såg förvirrad ut, men när han försökte tala igen kom fler rim ut: "Det här känns ganska konstigt, jag kan inte sluta—det är galet!"

Hela gruppen brast ut i skratt, men det dröjde inte länge förrän de insåg att alla började tala i rim. Till och med Mr. Finch!

"Vad i hela friden har ni gjort?" utbrast Mr. Finch, "Vi rimmar på varenda ord!"

Kaos spred sig snabbt i klassrummet. Eleverna kunde inte sluta tala i rim. Allt blev en sånglik konversation, och ju mer de försökte sluta, desto roligare blev det. Men det fanns ett problem: de hade en stor vetenskapspresentation om bara några timmar, och de kunde inte presentera när de pratade som om de var med i en musikal!

"Vi måste fixa det här snabbt," sa Leo, "Annars hamnar vi i en knipa."

De skyndade sig tillbaka till experimentbordet och bläddrade febrilt i sina anteckningar för att ta reda på vad som hade gått fel. Efter vad som kändes som timmar av kaotiska rim och skratt, kom Emma äntligen på det.

"Det var geléormarna! De reagerade med grodbenen!" ropade hon.

"Skynda er, gör ett motgift," sa Max, "Innan vi fastnar i denna rimbåt!"

De blandade snabbt en ny brygd—denna gång utan geléormar—och hällde den i koppar. En efter en drack de. Rummet blev tyst en stund.

"Fungerade det?" frågade Ava försiktigt.

"Ja!" ropade Max. "Inga fler rim!"

Alla pustade ut av lättnad. Precis i tid för deras stora presentation.

Presentationen gick utan problem, och även om experimentet hade varit lite för tokigt, lärde sig vännerna en viktig läxa: ibland leder misstag till de bästa äventyren.

The Mischievous Mice

In a grand old house at the edge of town, a mischievous group of mice had turned the pantry into their playground. There were tiny tunnels hidden behind the walls, secret stashes of crumbs, and even a little room they had set up like a dining hall, where they had nightly feasts. The leader of the group, Oliver, was the smartest and the quickest mouse in the house. His younger sister, Molly, always followed him, eager to learn his tricks.

But their peaceful life was turned upside down when a human family moved into the house. They were loud and clumsy, stomping around with heavy feet and opening and closing the pantry doors without warning. The mice were not happy.

"We have to scare them away!" Oliver declared, gathering the other mice for a meeting. "If we don't, they'll ruin everything!"

The mice quickly began planning their mischief. They started with small pranks—stealing food from the pantry, leaving trails of breadcrumbs that mysteriously disappeared, and knocking over jars in the middle of the night. The humans thought they had ghosts!

But the humans didn't leave. Instead, they brought in a much bigger problem—a cat named Willow. Willow was sleek, fast, and terrifying, especially to the smaller mice like Molly.

"We have to be careful now," Oliver warned. "This cat could mean big trouble."

One night, as the mice were planning their next prank, Molly wandered away from the group and found herself in the kitchen. There, she spotted a young girl sitting alone at the table, quietly drawing in a notebook. The girl looked sad, and Molly couldn't help but feel curious. She edged closer, and to her surprise, the girl saw her.

"You're not like the others, are you?" the girl whispered.

Molly froze. Was this a trap?

"I won't hurt you," the girl continued, offering a small piece of cheese. "You look like you need a friend."

Cautiously, Molly took the cheese, and from that moment, a secret friendship blossomed between the two. Molly learned that the girl's name was Lucy, and Lucy learned that the mice were just trying to protect their home. Over the next few days, they played together, sharing crumbs and stories in the quiet moments when no one else was around.

But things took a dangerous turn when Willow began prowling the house more aggressively. The mice were in danger of being caught, and Oliver was worried. One day, while Willow was closing in on Oliver and the others, Molly ran to Lucy for help.

"Willow is trying to catch us!" Molly squeaked. "You have to help!"

Lucy knew just what to do. She distracted Willow with a toy mouse, leading the cat on a wild chase through the house while the real mice escaped back into their tunnels.

After that, Lucy convinced her parents to keep Willow out of the pantry. "There's no need for the cat to be in there," she said. "Besides, I think the pantry's already haunted!"

The mice were safe again, and their secret life in the pantry continued. Though they still played the occasional prank, the friendship between Molly and Lucy made sure that humans and mice could live together in peace—well, most of the time.

De Busiga Mössen

I ett ståtligt gammalt hus i utkanten av staden hade en busig grupp möss gjort skafferiet till sin lekplats. Det fanns små tunnlar gömda bakom väggarna, hemliga gömmor med smulor, och till och med ett litet rum de hade inrett som en matsal där de hade fest varje natt. Ledaren för gruppen, Oliver, var den smartaste och snabbaste musen i huset. Hans yngre syster, Molly, följde alltid efter honom, ivrig att lära sig hans knep.

Men deras lugna liv vändes upp och ner när en människofamilj flyttade in i huset. De var högljudda och klumpiga, trampade omkring med tunga steg och öppnade och stängde skafferidörrarna utan förvarning. Mössen var inte glada.

"Vi måste skrämma bort dem!" förklarade Oliver och samlade de andra mössen till ett möte. "Om vi inte gör det, kommer de att förstöra allt!"

Mössen började snabbt planera sina bus. De började med små spratt—stjäla mat från skafferiet, lämna spår av brödsmulor som mystiskt försvann, och välta burkar mitt i natten. Människorna trodde att de hade spöken!

Men människorna gav sig inte. Istället tog de in ett mycket större problem—en katt som hette Willow. Willow var smidig, snabb och skrämmande, särskilt för de mindre mössen som Molly.

"Vi måste vara försiktiga nu," varnade Oliver. "Den här katten kan ställa till stora problem."

En natt, medan mössen planerade sitt nästa spratt, vandrade Molly iväg från gruppen och hamnade i köket. Där såg hon en liten flicka som satt ensam vid bordet och ritade i en anteckningsbok. Flickan såg ledsen ut, och Molly kunde inte låta bli att bli nyfiken. Hon smög närmare, och till sin förvåning såg flickan henne.

"Du är inte som de andra, eller hur?" viskade flickan.

Molly stelnade till. Var detta en fälla?

"Jag ska inte skada dig," fortsatte flickan och räckte fram en liten bit ost. "Du ser ut som att du behöver en vän."

Försiktigt tog Molly osten, och från den stunden växte en hemlig vänskap fram mellan dem. Molly fick veta att flickan hette Lucy, och Lucy fick veta att mössen bara försökte skydda sitt hem. Under de närmaste dagarna lekte de tillsammans, delade smulor och berättelser i de tysta stunderna när ingen annan var där.

Men saker och ting tog en farlig vändning när Willow började patrullera huset alltmer aggressivt. Mössen var i fara att bli fångade, och Oliver var orolig. En dag, medan Willow var nära att fånga Oliver och de andra, sprang Molly till Lucy för hjälp.

"Willow försöker fånga oss!" pep Molly. "Du måste hjälpa oss!"

Lucy visste precis vad hon skulle göra. Hon distraherade Willow med en leksaksmus och ledde katten på en vild jakt genom huset medan de riktiga mössen flydde tillbaka till sina tunnlar.

Efter det övertalade Lucy sina föräldrar att hålla Willow borta från skafferiet. "Det finns ingen anledning att katten ska vara där inne," sa hon. "Dessutom tror jag att skafferiet redan är hemsökt!"

Mössen var säkra igen, och deras hemliga liv i skafferiet fortsatte. Även om de fortfarande spelade då och då ett spratt, såg vänskapen mellan Molly och Lucy till att människor och möss kunde leva tillsammans i fred—nåja, för det mesta.

The Extraordinary Egg

In a small village nestled between green hills and thick forests, a strange discovery was made one early spring morning. An enormous egg, unlike any the villagers had ever seen, was found at the edge of the woods. The egg was shimmering in the sunlight, with a smooth surface that reflected colors like a rainbow. No one knew where it had come from, and whispers spread quickly throughout the village.

"It must belong to a dragon!" one child exclaimed.

"No, I bet it's from a giant bird!" another suggested.

Soon, the entire village was buzzing with rumors about the mysterious egg. The adults were cautious, warning the children to stay away, but that only made the kids more curious.

Among them were three best friends: Ava, Leo, and Mia. The trio was always up for an adventure, and they knew they had to find out what was inside the egg. One afternoon, while the adults were busy with their chores, they snuck out to the woods to investigate.

The egg was even more incredible up close. It was much larger than any of them had imagined, taller than Leo, who was the tallest of the group. They carefully touched its surface, which was surprisingly warm.

"What do you think is inside?" Mia asked, her eyes wide with excitement.

"Only one way to find out," Leo said with a grin. "We have to wait for it to hatch."

Over the next few days, the children took turns visiting the egg, keeping their secret safe from the adults. They built a small shelter nearby to protect it from the rain and brought food in case the creature inside was hungry when it finally emerged. They even took turns staying overnight, keeping a close eye on the egg for any signs of movement.

One night, as the moon shone brightly over the village, the egg began to tremble. Ava, who was on watch, quickly woke the others. They gathered around, holding their breath as cracks appeared on the egg's surface. The air was filled with excitement and anticipation.

Suddenly, with a loud crack, the egg split open, and out tumbled... something entirely unexpected. It wasn't a dragon or a giant bird, but a small, fluffy creature with shimmering scales and tiny wings. It looked up at the children with big, curious eyes.

"It's... it's a baby!" Mia whispered, amazed.

The creature let out a soft, happy chirp and flapped its tiny wings. The children couldn't believe their eyes. They had discovered something beyond their wildest dreams—a mythical creature, but not the fearsome one they had imagined. Instead, it was friendly, playful, and in need of care.

From that day on, the children took care of the little creature, keeping it hidden from the adults. They named it Spark, because of the way its scales sparkled in the light. As the days went by, the bond between them and Spark grew stronger, and they shared countless adventures together, learning about friendship, trust, and the magic of the world around them.

And though the villagers never learned the true secret of the extraordinary egg, the children knew they had found something far more valuable—an unbreakable friendship and a creature that made their world a little more magical.

Det Ovanliga Ägget

I en liten by som låg inbäddad mellan gröna kullar och täta skogar gjordes en märklig upptäckt en tidig vårmorgon. Ett enormt ägg, olikt något som byborna någonsin hade sett, hittades vid skogskanten. Ägget skimrade i solskenet, med en slät yta som reflekterade färger som en regnbåge. Ingen visste var det kom ifrån, och snart spred sig viskningar genom hela byn.

"Det måste tillhöra en drake!" utropade ett barn.

"Nej, jag tror det kommer från en jättestor fågel!" föreslog ett annat.

Snart surrade hela byn av rykten om det mystiska ägget. De vuxna var försiktiga och varnade barnen för att hålla sig borta, men det gjorde bara barnen ännu mer nyfikna.

Bland dem fanns tre bästa vänner: Ava, Leo och Mia. Trion var alltid redo för ett äventyr, och de visste att de måste ta reda på vad som fanns inuti ägget. En eftermiddag, medan de vuxna var upptagna med sina sysslor, smög de ut till skogen för att undersöka.

Ägget var ännu mer fantastiskt på nära håll. Det var mycket större än de hade föreställt sig, högre än Leo, som var den längsta av gruppen. De rörde försiktigt vid ytan, som var förvånansvärt varm.

"Vad tror ni finns inuti?" frågade Mia, hennes ögon stora av spänning.

"Enda sättet att ta reda på det," sa Leo med ett leende. "Vi måste vänta tills det kläcks."

Under de närmaste dagarna turades barnen om att besöka ägget och höll sin hemlighet från de vuxna. De byggde ett litet skydd i närheten för att skydda det från regnet och tog med mat ifall varelsen inuti skulle vara hungrig när den äntligen kom ut. De turades till och med om att stanna över natten och hålla ett vakande öga på ägget för att upptäcka tecken på rörelse.

En natt, när månen lyste klart över byn, började ägget darra. Ava, som var på vakt, väckte snabbt de andra. De samlades runt ägget och höll andan när sprickor började synas på dess yta. Luften fylldes av spänning och förväntan.

Plötsligt, med ett högt knak, sprack ägget öppet, och ut ramlade... något helt oväntat. Det var ingen drake eller jättestor fågel, utan en liten, fluffig varelse med skimrande fjäll och små vingar. Den tittade upp på barnen med stora, nyfikna ögon.

"Det är... det är en bebis!" viskade Mia, förbluffad.

Varelsen lät ut ett mjukt, glatt pip och flaxade med sina små vingar. Barnen kunde knappt tro sina ögon. De hade upptäckt något bortom sina vildaste fantasier—en mytisk varelse, men inte den skrämmande typen de hade föreställt sig. Istället var den vänlig, lekfull och i behov av omvårdnad.

Från den dagen tog barnen hand om den lilla varelsen och höll den gömd för de vuxna. De döpte den till Gnista, för att dess fjäll glittrade i ljuset. Med tiden växte bandet mellan dem och Gnista, och de delade otaliga äventyr tillsammans, lärde sig om vänskap, tillit och världens magi.

Och även om byborna aldrig fick veta den sanna hemligheten om det ovanliga ägget, visste barnen att de hade funnit något mycket mer värdefullt—en ovärderlig vänskap och en varelse som gjorde deras värld lite mer magisk.

The Incredible Adventures of Super Granny

In the quiet town of Willow Creek, there lived a sweet, unassuming granny named Doris. Doris was known for her knitting, baking, and afternoon teas, but her life was about to change in the most extraordinary way.

One day, while cleaning out her dusty attic, Doris stumbled upon an old, forgotten box. Inside the box was a peculiar pair of glasses with bright, glowing lenses. Curious, she put them on—and immediately felt a surge of energy like nothing she had ever experienced before. Her eyesight sharpened, her reflexes quickened, and she suddenly felt as strong as a superhero!

"What on earth?" Doris muttered to herself. But there was no time to think, because at that very moment, her cat Whiskers strolled into the room and... started talking!

"Finally! Someone found the glasses!" Whiskers said with a grin.

Doris nearly jumped out of her knitting slippers. "You—you can talk?!"

"Of course I can!" Whiskers replied coolly. "These are no ordinary glasses, Granny. They give you superpowers. And now, you're the town's only hope!"

Doris, still in shock, wasn't sure what to think. But before she could take the glasses off, a loud crash came from outside. She looked out the window and saw a group of bumbling villains causing chaos in the town square. One of them was juggling pies, another was riding a unicycle, and the leader was attempting to tie everyone's shoelaces together.

"Oh dear, this looks serious," Doris said.

Whiskers jumped onto her shoulder. "Come on, Super Granny! It's time to save the day!"

With a newfound confidence, Doris leaped out the door, faster than she thought possible. The villains didn't know what hit them. With the help of her magical glasses and some clever tricks (including knitting them into a giant yarn ball), Super Granny and Whiskers quickly put an end to their mischievous antics.

The townspeople were amazed. "Is that... Doris?!" they whispered, unable to believe their eyes.

From that day on, Doris, now known as Super Granny, became the town's beloved hero. She and Whiskers tackled all sorts of silly villains, from the Cake Thief who stole every cake in the bakery, to the Mischief Maker who tried to turn all the town's mailboxes upside down.

But it wasn't just her super strength and speed that made her special. Doris's baking skills also came in handy—she once defeated a villain by baking a cake so delicious that he gave up his life of crime on the spot!

With every adventure, Doris and Whiskers grew closer. They laughed, baked, and saved the day together, all while keeping Willow Creek safe from the silliest threats imaginable.

And as for Doris? Well, she may have started as a quiet granny, but she became something far more remarkable—a superhero who proved that even the most unexpected people can do incredible things.

Supermormors Otroliga Äventyr

———

I den lugna staden Willow Creek bodde en söt, anspråkslös mormor vid namn Doris. Doris var känd för sitt stickande, bakande och eftermiddagsteer, men hennes liv var på väg att förändras på det mest extraordinära sättet.

En dag, medan hon rensade ut sin dammiga vind, snubblade Doris över en gammal, bortglömd låda. Inuti lådan fanns ett underligt par glasögon med lysande linser. Nyfiket satte hon på sig dem—och kände omedelbart en ström av energi som hon aldrig tidigare upplevt. Hennes syn blev skarpare, hennes reflexer snabbare, och plötsligt kände hon sig stark som en superhjälte!

"Vad i all världen?" muttrade Doris för sig själv. Men det fanns ingen tid att fundera, för just i det ögonblicket kom hennes katt, Whiskers, in i rummet och... började prata!

"Äntligen! Någon hittade glasögonen!" sa Whiskers med ett flin.

Doris hoppade nästan ur sina sticktofflor. "Du—du kan prata?!"

"Självklart kan jag!" svarade Whiskers lugnt. "Det här är inga vanliga glasögon, mormor. De ger dig superkrafter. Och nu är du stadens enda hopp!"

Doris, fortfarande chockad, visste inte vad hon skulle tänka. Men innan hon hann ta av sig glasögonen, hördes ett högt brak utifrån. Hon tittade ut genom fönstret och såg en grupp klumpiga skurkar orsaka kaos på torget. En av dem jonglerade pajer, en annan åkte enhjuling, och ledaren försökte knyta ihop allas skosnören.

"Åh nej, det här ser allvarligt ut," sa Doris.

Whiskers hoppade upp på hennes axel. "Kom igen, Supermormor! Det är dags att rädda dagen!"

Med ett nyfunnet självförtroende sprang Doris ut genom dörren, snabbare än hon trodde var möjligt. Skurkarna visste inte vad som träffade dem. Med hjälp av sina magiska glasögon och några smarta knep (inklusive att sticka in dem i ett jättelikt garnnystan), satte Supermormor och Whiskers snabbt stopp för deras bus.

Stadsborna var förbluffade. "Är det... Doris?!" viskade de, oförmögna att tro sina ögon.

Från den dagen blev Doris, nu känd som Supermormor, stadens älskade hjälte. Hon och Whiskers tog sig an alla möjliga tokiga skurkar, från Tårtjuven som stal alla bakelser i bageriet, till Busmakaren som försökte vända stadens alla brevlådor upp och ner.

Men det var inte bara hennes superstyrka och snabbhet som gjorde henne speciell. Doris bakningsfärdigheter kom också till användning—hon besegrade en gång en skurk genom att baka en så god tårta att han gav upp sitt brottsliga liv på direkten!

Med varje äventyr blev Doris och Whiskers närmare varandra. De skrattade, bakade och räddade dagen tillsammans, allt medan de höll Willow Creek säkert från de löjligaste hot man kunde tänka sig.

Och vad hände med Doris? Jo, hon kanske började som en lugn mormor, men hon blev något långt mer märkvärdigt—en superhjälte som bevisade att även de mest oväntade människor kan göra otroliga saker.

The Great Chocolate Heist

The annual chocolate festival in the town of Sweetville was always the most anticipated event of the year. Every shop lined its windows with giant chocolate bars, fountains of melted chocolate flowed in the streets, and the air was filled with the smell of cocoa. But this year, something strange was happening—large amounts of chocolate were mysteriously disappearing!

"No chocolate for the festival?" cried the mayor. "We must find the thief before it's too late!"

A group of children, best friends Tim, Lily, Max, and Emma, decided to take matters into their own hands. "We can solve this mystery!" said Tim, the cleverest of the group. "But we need a plan."

The kids quickly put their heads together and came up with a brilliant idea—they would disguise themselves and secretly follow the clues. Tim dressed as a chocolate vendor, Lily pretended to be a street artist, Max wore a delivery uniform, and Emma decided to hide in plain sight, dressed as a giant chocolate bar.

They set up clever traps all around town: hidden chocolate bait in alleyways, trick mirrors to catch the thief off guard, and even a few fake chocolate bars filled with sticky goo. They were determined to catch the culprit!

Late one night, while the town was fast asleep, the children spotted a shadowy figure sneaking around the chocolate fountain in the center of town. They silently followed the figure, sneaking through the dark alleys and keeping their eyes on every move.

"Now!" whispered Tim, and the group sprang into action.

With a clever twist of events, the children surrounded the thief and pulled off his mask. To their surprise, it wasn't an evil villain or a greedy thief at all—it was Mr. Fudge, the town's beloved chocolatier!

"I didn't mean to steal all the chocolate," Mr. Fudge confessed with a sheepish smile. "I just wanted to make the best chocolate sculpture for the festival, but I didn't know how much I would need!"

The children couldn't help but laugh. They had imagined a devious criminal, but it turned out Mr. Fudge just had a sweet tooth and big dreams. "Next time, just ask for help!" said Emma with a grin.

In the end, Mr. Fudge's chocolate sculpture was the star of the festival, and thanks to the kids, Sweetville's chocolate festival was a sweet success.

Den Stora Chokladkuppen

Den årliga chokladfestivalen i staden Sweetville var alltid årets mest efterlängtade händelse. Varje butik dekorerade sina fönster med gigantiska chokladkakor, fontäner av smält choklad flödade på gatorna, och luften var fylld av doften av kakao. Men i år hände något konstigt—stora mängder choklad försvann mystiskt!

"Ingen choklad till festivalen?" utbrast borgmästaren. "Vi måste hitta tjuven innan det är för sent!"

En grupp barn, de bästa vännerna Tim, Lily, Max och Emma, bestämde sig för att ta saken i egna händer. "Vi kan lösa det här mysteriet!" sa Tim, den smartaste i gänget. "Men vi behöver en plan."

Barnen satte snabbt ihop sina kloka huvuden och kom på en briljant idé—de skulle förklä sig och hemligt följa ledtrådarna. Tim klädde ut sig till chokladförsäljare, Lily låtsades vara gatukonstnär, Max hade på sig en leveransuniform, och Emma bestämde sig för att gömma sig i öppen vy, utklädd till en gigantisk chokladkaka.

De satte upp smarta fällor runt om i staden: gömd choklad som bete i gränder, speglar för att förvilla tjuven, och till och med några fejkade chokladkakor fyllda med klibbig gegga. De var fast beslutna att fånga boven!

Sent en natt, medan staden sov djupt, såg barnen en skuggig figur smyga runt chokladfontänen i stadens centrum. De följde tyst efter figuren, smygande genom de mörka gränderna och höll ögonen på varje rörelse.

"Nu!" viskade Tim, och gruppen satte sin plan i verket.

Med en listig vändning omringade barnen tjuven och drog av hans mask. Till deras förvåning var det ingen ond skurk eller girig tjuv—det var herr Fudge, stadens älskade chokladmakare!

"Jag menade inte att stjäla all choklad," erkände herr Fudge med ett fånigt leende. "Jag ville bara skapa den bästa chokladskulpturen till festivalen, men jag visste inte hur mycket jag skulle behöva!"

Barnen kunde inte låta bli att skratta. De hade föreställt sig en lömsk brottsling, men det visade sig att herr Fudge bara hade en söt tand och stora drömmar. "Nästa gång, fråga bara om hjälp!" sa Emma med ett leende.

Till slut blev herr Fudges chokladskulptur festivalens stjärna, och tack vare barnen blev Sweetvilles chokladfestival en söt framgång.

The Boy Who Talked to Animals

In the quiet village of Willowbrook, there lived a boy named Oliver who was unlike any other. While most kids his age were busy playing games or watching TV, Oliver had a special gift—he could talk to animals! From birds to squirrels, and even the neighborhood cats, every animal seemed to have something to say, and Oliver was the only one who could understand them.

One day, as Oliver sat by the village pond, feeding the ducks, he noticed something odd. The animals seemed worried. The birds were chirping nervously, the dogs in the distance were barking more than usual, and even the cats were acting strange.

"What's going on?" Oliver asked his favorite duck, Quackers.

"Something terrible is happening," Quackers quacked. "Pets are disappearing! One by one, they're being taken, and no one knows where they're going!"

This news shocked Oliver. Pets disappearing? He had to do something to help. With Quackers and a group of his animal friends, Oliver set out to investigate the mystery. They started by visiting the homes where the pets had vanished, and everywhere they went, they found the same clue—a trail leading to the house of old Mr. Grimley, the grumpiest man in the village.

Mr. Grimley lived alone in a run-down house at the edge of town. Rumors swirled that he hated children and animals alike.

No one ever saw him smile, and he always shooed the neighborhood kids away from his garden.

"Do you think he's behind the missing pets?" Oliver asked Quackers.

"There's only one way to find out," Quackers quacked back.

That night, Oliver and his animal friends devised a plan. They would sneak into Mr. Grimley's garden and see what was really going on. As they crept closer, they heard strange sounds coming from inside his house—meows, barks, and chirps!

"He has them!" Oliver whispered. "But why?"

Just then, the back door of the house creaked open, and out stepped Mr. Grimley, but he wasn't the mean, grumpy man everyone thought he was. Instead, he gently held a kitten in his arms and was talking to it softly.

"Don't worry, little one," he said. "You'll be safe here. I found you all alone in the storm."

Oliver's heart sank. Mr. Grimley wasn't stealing pets—he was rescuing them! He had been taking in lost and abandoned animals, caring for them in secret because he didn't want anyone to know how kind he really was.

Oliver and his animal friends quickly realized they had misunderstood everything. The next day, Oliver approached Mr. Grimley and explained what had happened. To his surprise, the old man invited Oliver inside.

From that day on, Mr. Grimley and Oliver worked together, taking care of the lost animals and finding their owners. The village soon learned that Mr. Grimley wasn't grumpy after all—he was just lonely. Thanks to Oliver and his animal friends, the pets were safe, and the village gained a new friend.

Pojken Som Pratade Med Djur

I den stillsamma byn Willowbrook bodde en pojke vid namn Oliver som var olik alla andra. Medan de flesta barn i hans ålder var upptagna med att spela spel eller titta på TV, hade Oliver en speciell gåva—han kunde prata med djur! Från fåglar till ekorrar, och till och med grannskapets katter, verkade alla djur ha något att säga, och Oliver var den enda som kunde förstå dem.

En dag, när Oliver satt vid byns damm och matade ankorna, märkte han något märkligt. Djuren verkade oroliga. Fåglarna kvittrade nervöst, hundarna på avstånd skällde mer än vanligt, och till och med katterna betedde sig konstigt.

"Vad är det som händer?" frågade Oliver sin favoritanka, Kvackers.

"Något hemskt händer," kvackade Kvackers. "Husdjur försvinner! Ett efter ett blir de tagna, och ingen vet vart de tar vägen!"

Denna nyhet chockade Oliver. Husdjur som försvann? Han var tvungen att göra något för att hjälpa. Tillsammans med Kvackers och en grupp av sina djurvänner gav sig Oliver ut för att undersöka mysteriet. De började med att besöka husen där husdjuren hade försvunnit, och överallt där de gick, fann de samma ledtråd—ett spår som ledde till huset hos gamle herr Grimley, den suraste mannen i byn.

Herr Grimley bodde ensam i ett förfallet hus i utkanten av stan. Rykten gick att han hatade både barn och djur. Ingen såg honom någonsin le, och han körde alltid bort grannskapets barn från sin trädgård.

"Tror du att han ligger bakom de försvunna husdjuren?" frågade Oliver Kvackers.

"Det finns bara ett sätt att ta reda på det," kvackade Kvackers tillbaka.

Den natten satte Oliver och hans djurvänner upp en plan. De skulle smyga in i herr Grimleys trädgård och se vad som egentligen pågick. När de närmade sig hörde de märkliga ljud komma från huset—mjau, skällande och kvitter!

"Han har dem!" viskade Oliver. "Men varför?"

Precis då öppnades bakdörren, och ut klev herr Grimley, men han var inte den elaka, sura mannen alla trodde att han var. Istället höll han varsamt en kattunge i sina armar och pratade mjukt med den.

"Oroa dig inte, lilla vän," sa han. "Du är säker här. Jag hittade dig ensam i stormen."

Olivers hjärta sjönk. Herr Grimley stal inte husdjur—han räddade dem! Han hade tagit in förlorade och övergivna djur och vårdat dem i hemlighet eftersom han inte ville att någon skulle veta hur snäll han egentligen var.

Oliver och hans djurvänner insåg snabbt att de hade missförstått allt. Nästa dag gick Oliver till herr Grimley och förklarade vad som hade hänt. Till hans förvåning bjöd den gamle mannen in honom.

Från den dagen arbetade herr Grimley och Oliver tillsammans med att ta hand om de förlorade djuren och hitta deras ägare. Byn lärde sig snart att herr Grimley inte alls var sur—han var bara ensam. Tack vare Oliver och hans djurvänner var husdjuren säkra, och byn fick en ny vän.

The Spooky Play

I t was a typical afternoon at Maplewood Elementary as the students gathered for rehearsals for the annual school play. This year, the play was a classic fairy tale with knights, dragons, and a magical forest. But something strange had been happening lately—props would disappear without a trace, costumes were misplaced, and there were odd, ghostly whispers that seemed to come from nowhere.

"Did you hear that?" asked Mia, the lead actress, as she looked around nervously.

"I did," said James, who played the knight. "It sounded like... someone whispering."

The rest of the kids shrugged it off, thinking it was just their imaginations. But as the rehearsals continued, more strange things happened. The dragon costume went missing, the sword props were switched with rubber chickens, and someone kept turning off the lights during the most dramatic scenes!

"This is getting creepy," said Max, who was in charge of props. "What if the theater is haunted?"

The rumors spread quickly, and soon everyone believed the old legend that Maplewood's theater was haunted by a mischievous ghost from years ago. Determined to solve the mystery, Mia, James, and their friends decided to investigate after school.

That night, they snuck into the theater with flashlights in hand. As they crept backstage, they heard the eerie whispers again. But this time, they were prepared.

"Who's there?" Mia called out.

Suddenly, a shadow darted past them, and the kids screamed in surprise. They chased the figure through the rows of seats and onto the stage, where the lights flickered on, revealing... Mr. Jenkins, the school janitor!

"Mr. Jenkins?" James asked, confused. "What are you doing here?"

Mr. Jenkins laughed and explained that the strange happenings were all his doing. He had been trying to fix the theater's old equipment, but his late-night tinkering had accidentally caused the lights to flicker and props to go missing.

"I didn't mean to scare anyone," Mr. Jenkins said sheepishly. "I was just trying to fix the place up before the big performance."

Relieved that there wasn't a ghost, the kids invited Mr. Jenkins to help with the play. With his skills, they managed to get everything in perfect working order. On the night of the performance, everything went off without a hitch, and the play was a huge success.

As the final curtain fell, Mia looked at her friends and smiled. "I guess the only thing haunted about this theater is our imaginations."

Det Spöklika Skådespelet

Det var en typisk eftermiddag på Maplewood Elementary när eleverna samlades för repetitionerna av den årliga skolpjäsen. I år var pjäsen en klassisk saga med riddare, drakar och en magisk skog. Men något konstigt hade hänt på sistone—rekvisita försvann spårlöst, kostymer var felplacerade, och det hördes märkliga, spöklika viskningar som tycktes komma från ingenstans.

"Hörde du det?" frågade Mia, huvudrollsinnehavaren, medan hon såg sig nervöst omkring.

"Jag gjorde det," sa James, som spelade riddaren. "Det lät som... någon som viskade."

De andra barnen ryckte bara på axlarna och trodde att det bara var deras fantasi. Men när repetitionerna fortsatte, hände fler konstiga saker. Drakens kostym försvann, svärden byttes ut mot gummikycklingar, och någon fortsatte att stänga av ljuset under de mest dramatiska scenerna!

"Det här börjar bli läskigt," sa Max, som var ansvarig för rekvisitan. "Tänk om teatern är spöklig?"

Ryktena spreds snabbt, och snart trodde alla på den gamla legenden att Maplewoods teater var hemsökt av ett busigt spöke från åratal tillbaka. Fast beslutna att lösa mysteriet, bestämde sig Mia, James och deras vänner för att undersöka efter skolan.

Den kvällen smög de in i teatern med ficklampor i handen. När de kröp backstage hörde de de kusliga viskningarna igen. Men den här gången var de förberedda.

"Vem är där?" ropade Mia.

Plötsligt sköt en skugga förbi dem, och barnen skrek av överraskning. De jagade figuren genom raderna av säten och upp på scenen, där lamporna blinkade på och avslöjade... Mr. Jenkins, skolans vaktmästare!

"Mr. Jenkins?" frågade James förvirrat. "Vad gör du här?"

Mr. Jenkins skrattade och förklarade att de konstiga händelserna alla var hans fel. Han hade försökt fixa teaterns gamla utrustning, men hans sena tinkering hade av misstag orsakat att lamporna blinkade och rekvisita försvann.

"Jag menade inte att skrämma någon," sa Mr. Jenkins blygt. "Jag försökte bara fixa upp stället inför den stora föreställningen."

Lättade över att det inte fanns något spöke, bjöd barnen in Mr. Jenkins för att hjälpa till med pjäsen. Med sina färdigheter lyckades de få allt i perfekt fungerande skick. På kvällen för föreställningen gick allt smidigt, och pjäsen blev en stor succé.

När den sista ridån föll, såg Mia på sina vänner och log. "Jag antar att det enda som är spöklikt med denna teater är våra fantasier."

www.ingramcontent.com/pod-product-compliance
Lightning Source LLC
Chambersburg PA
CBHW061355140726
47997CB00003B/1220